GATOS Y GATITOS
KITTENS & CATS

Un Libro Informativo Sobre los Animales

An Animal Information Book

T0377961

Ottenheimer
PUBLISHERS

Los gatos pertenecen a la misma familia animal que los leones y los tigres. Es fácil reconocerlo cuando uno observa a un gato caminando por la hierba, o cazando una mariposa.

Cats are members of the same family as lions and tigers. It is easy to see this when you watch a cat walk through the grass or chase after a butterfly.

Un gato es una madre muy buena.

Cuando un gato quiere mover sus gatitos, los levanta por detras de los cuellos, y los lleva en su boca.

A cat is a very good mother.

When a cat wants to move her kittens, she will pick them up by the backs of their necks and carry them in her mouth.

Los gatos son animales muy independientes y curiosos. Les gusta mirar.

Es difícil entrenarlos como se puede entrenar los perros.

Cats are independent and curious animals. They like to watch.

It is hard to train them the way dogs can be trained.

Los gatos te dejan saber cómo se sienten. Cuando están felices, ronronean. Cuando están enojados, dilatan las colas, hinchan el pelaje, y esputan.

Cats let you know how they feel. When they are happy, they purr. When cats are angry, their tails puff up, the fur on their backs stands up, and they spit.

A los gatos y gatitos, les gusta jugar con cosas que mueven, como las bolas de lana. Saltarán encima, tirandoles y masticandolas.

Kittens and cats love to play with things that move, such as balls of wool. They will jump on them, pull on them, and chew them.

A los gatitos, les gustan esconderse bajo una alfombra o una cama. Creen que no se les puede ver.

Este gatito cree que esté escondido porque está bajo del sombrero.

Kittens will climb under a rug or a bed and think that you can't see them.

This kitten thinks it is hidden because it is under the hat.

Los gatos son animales muy limpios, pero detestan el agua. Nunca se bañan como los perros. Los gatos se bañan usando sus lenguas asperas.

Cats are very clean animals, but they hate water. They never take a bath the way dogs do. Cats use their rough tongues to clean themselves.